DIE VIER JAHRESZEITEN

FRÜHLING

Ruth Thomson

Fotos von Peter Millard

Peters-Kinderbuch

Autor und Verlag danken Sharon Fuller, Margaret Howker
und den Kindern des Brixtoner Samstagforscher-Clubs
für ihre Mithilfe bei den Vorbereitungen dieses Buches.

Fotos von Peter Millard, mit Ausnahme von
S. 28 oben links Heather Angel; S. 7 oben und unten
links Aquila; S. 6 unten links, S. 7 oben und unten rechts,
S. 10 unten und S. 11 oben links, oben und unten rechts
Survival Anglia; S. 4 Chris Fairclough Colour Library;
Umschlag-Mitte R. G. Tripp; S. 6 unten rechts,
S. 26, S. 27, S. 28 rechts Barrie Watts;
S. 6 oben, S. 10 oben, S. 11 unten links und
S. 28 unten links Zefa.

2. Auflage 1993

Aus dem Englischen übersetzt von Günter Leupold.
Herausgegeben von Jenny Wood.
Gestaltung von David Bennett.
ISBN 3-87627-533-4
Printed in Belgium

Inhaltsverzeichnis

Der Frühling ist da

Ob's windet, regnet oder schneit,
Der Frühling ist die Jahreszeit,
Wo ringsum die Natur erwacht
Im grünen Gras mit Krokus-Pracht.
Der winterkahle Zweig genießt,
Wenn ihm ein grünes Blättlein sprießt.
Im Wipfel eine Drossel singt,
Ihr Lied so ganz nach Frühling klingt.

Anon (Nachdichtung von Günter Leupold)

Anzeichen des Frühlings

Wenn die Tage länger und wärmer werden, beginnen Pflanzen zu sprießen.

Viele Tiere erwachen aus dem Winterschlaf und sind wieder munter und voller Lebenslust. Im Frühling, wenn saftiges Gras üppig gedeiht, bringen die meisten Haustiere ihre Jungen zur Welt.

Veilchen

Buschwindröschen

Waldblumen blühen schon früh, bevor auf den Bäumen die Blätter wachsen und mit ihrem Schatten den Waldboden verdunkeln. Neben Veilchen und Buschwindröschen findet ihr dort auch Glockenblumen, Himmelsschlüssel und Schöllkraut.

Wenn es richtig warm wird, erwacht die Hummelkönigin und fliegt hinaus, um einen geeigneten Platz zu finden, wo sie ihr Nest für ein neues Hummelvolk bauen kann.

Schmetterlinge, die den Winter überlebt haben, flattern an sonnigen Tagen umher, um aus Frühlingsblumen Nektar zu saugen.

Drossel

Große Haubentaucher

Verkünder des Frühlings sind die Vogelmännchen, die lauthals zwitschern, um Weibchen anzulocken. Sobald Männchen und Weibchen einander gefunden haben, bauen sie gemeinsam ein Nest. Die Männchen singen den ganzen Tag über, um andere Vögel zu verscheuchen.

Vögel, die nicht singen können, machen sich den Weibchen auf andere Weise bemerkbar, indem sie ihre Flugkünste zur Schau stellen oder mit ihrem schönen Gefieder protzen. Manche Vögel umwerben das Weibchen balzend mit einem Tanz, und gelegentlich tanzen die Weibchen mit.

Baum-blüten

Im Frühling steigt Saft den Stamm hinauf und nährt die Knospen, damit sie anschwellen. Dann öffnen sich die Knospen, und Blätter und Blüten entfalten sich.

▲ Bergahorn-Traube (durch Insekten bestäubt)

▲ Weidenkätzchen (durch Insekten bestäubt)

Allen Bäumen wachsen Blüten, die sich zu Früchten und Samen entwickeln, aus denen wieder neue Bäume entstehen können. Die meisten Blüten enthalten männliche und weibliche Geschlechtsteile. Die männlichen Teile sind die Staubblätter mit den winzigen Pollenkörnchen. Die weiblichen Teile sind die Stempel, die in ihren Fruchtknoten die Samenanlagen enthalten.
Sobald Pollen auf die Narbe der Stempel gestäubt wird, kommt es zur Befruchtung und eine Frucht wächst heran.
Die Bestäubung erfolgt durch Insekten oder durch Wind. Viele Baumblüten haben leuchtende Farben oder verströmen einen feinen Duft, um Insekten anzulocken.

◀ Walnuß-Kätzchen (vom Wind bestäubt)

Buchenblüten (vom Wind bestäubt) ▶

◀ Birken-Kätzchen (vom Wind bestäubt)

Wenn ein Insekt in einer Blüte die süße Flüssigkeit saugt, die man Nektar nennt, bleibt an seinem Körper Pollen haften, der dann bei anschließend aufgesuchten Blüten an der klebrigen Narbe wieder abgestreift wird. Bäume, die durch Wind bestäubt werden, haben kleine unscheinbare Blüten ohne Blumenblätter oder Nektar. Außerdem wachsen männliche und weibliche Blüten getrennt voneinander in langen Büscheln, den Kätzchen. Der Wind weht den Pollen von den männlichen Kätzchen zu den weiblichen.

▲ Zierkirsche
(durch Insekten bestäubt)

▶ Ebereschenblüten
(durch Insekten bestäubt)

▲ Weißdornblüten
(durch Insekten bestäubt)

◀ Roßkastanienblüten
(durch Bienen bestäubt)

◀ Apfelblüten
(durch Insekten bestäubt)

Fleißige Vögel

Im Frühling sind die Vögel fleißig bei der Arbeit. Zuerst müssen sie ein Nest bauen, dann Eier legen und später die Jungen füttern.

Stare nisten in Höhlungen von Bäumen.

Jede Vogelart baut ihre Nester in einer für sie charakteristischen Form und an einer für sie typischen Stelle. Die Nester werden meist verborgen und unzugänglich angelegt, um den Eiern den größtmöglichen Schutz zu bieten.

Einige Vögel bauen ihre Nester in einer flachen Bodenmulde. Ihre Eier sind gesprenkelt und passen sich der Umgebung an. Wasservögel bauen sich in flachem Wasser Nester aus übereinandergehäuften Wasserpflanzen. Viele Seevögel legen ihre Nester auf Felsen und vorspringenden Klippen an. Waldvögel bauen Nester meist in dichtem Gebüsch oder in hohlen Bäumen.

Die Nester bestehen aus allen möglichen Materialien. Schwalben verwenden dazu Schlamm und Stroh; Buchfinken bevorzugen Gras, Moos und Flechten. Drosseln bauen Nester aus Zweigen, Erde, Gras und Moos. Die meisten Nester sind innen mit einer weichen Schicht aus Federn oder Haaren ausgekleidet, die zum Warmhalten der Eier beitragen soll.

Taucher bauen sich Nester aus Wasserpflanzen, die sie in seichtem Wasser verankern.

Saatkrähe

Saatkrähen errichten sich Nester auf hohen Bäumen aus regellos aufgeschichteten Zweigen. Die Krähen nisten dicht beieinander.

Ein schwarzkehliger Taucher wendet seine Eier.

Die Vögel sitzen auf den Eiern, um sie warmzuhalten und zu bebrüten, bis die Jungen daraus schlüpfen. Von Zeit zu Zeit werden die Eier gewendet, damit sie gleichmäßig temperiert bleiben.

Drossel

Wenn die Jungen schlüpfen, sind sie nackt und blind. Sie können sich nicht selbst ernähren und haben auch noch keine Federn zum Fliegen. Ihre Eltern sind den ganzen Tag über damit beschäftigt, Futter für die Jungen herbeizuschaffen.

Schneehuhn-Küken

Vogelküken, die aus Gelegen am Boden schlüpfen, sind mit Flaumfedern bedeckt, die warmhalten. Oft sind die Flaumfedern gesprenkelt und schützen so vor Feinden. Diese Küken verlassen sofort das Nest, deshalb nennt man sie Nestflüchter.

Ostereier

Eier zu färben ist ein uralter Brauch, mit dem die Wiedergeburt der Natur im Frühling gefeiert wird. Schon vor Christi Geburt wurden Eier zur Begrüßung des neuen Lebens verziert.
Mit dem Christentum wurde das Ei zum Symbol für die Auferstehung – es wurde zum Osterei.

Eier vorbereiten

Bevor ihr die Eier färbt, müßt ihr sie entweder hartkochen oder ausblasen. Zuerst aber laßt sie eine Nacht lang Zimmertemperatur annehmen.
Wenn ihr Eier kochen wollt, gebt sie in einen Topf mit kaltem Wasser. Sobald das Wasser kocht, schaltet die Temperatur herunter und laßt die Eier nur noch leicht sieden, damit sie nicht platzen. Falls ihr die Eier nicht essen, sondern aufbewahren wollt, laßt sie mindestens eine halbe Stunde sieden.

Eier ausblasen

Falls ihr eure Eier für Dekorationszwecke verwenden wollt, solltet ihr sie ausblasen. Auf diese Weise halten sie sich, solange ihr wollt. Stecht mit einer Stopfnadel ein Loch in das runde Ende und bewegt die Nadel vorsichtig hin und her, um das Loch ein wenig zu erweitern und den Dotter mit dem Eiweiß zu verrühren. Dann dreht das Ei herum und stecht behutsam ein Loch in das spitze Ende. Dieses Loch darf aber nicht vergrößert werden.

Verschließt beide Löcher mit Finger und Daumen und schüttelt das Ei vorsichtig hin und her, damit sich das Eigelb richtig mit dem Eiweiß vermischt.

Haltet das Ei über eine Schüssel und blast durch das Loch am spitzen Ende. Ihr müßt ziemlich kräftig blasen, damit sich das Innere in die Schüssel entleert.
Säubert das Ei von innen, indem ihr es mit dem größeren Loch unter fließendes Wasser haltet. Dann blast das restliche Wasser durch das kleine Loch heraus und laßt das Ei trocknen.

Eier färben

Farbstoffe für Lebensmittel sowie kalt angerührte Textilfarben ergeben kräftige, leuchtende Eierfarben. Verwendet die Lebensmittel-Farbstoffe direkt aus der Flasche oder verdünnt sie mit Wasser. Textilfarben sollten nach Vorschrift gemischt werden. Sofern ihr jedoch die Eier essen wollt, dürft ihr nur Farbstoffe für Lebensmittel benutzen und solltet die Eier innerhalb von drei Tagen essen.

Ihr könnt aber auch natürliche Farbstoffe verwenden. Probiert es mit Karotten, Kaffee, Spinat oder Zwiebelschalen. Naturfarben aus Rinden oder Wurzeln könnt ihr auch kaufen, zum Beispiel Gelbholz, Blauholz, rote Krappwurzeln.

Kocht die Farbstoffe in Wasser, dem ihr einen Teelöffel Essig zusetzt, bis es den gewünschten Farbton annimmt.

Nehmt den Topf vom Herd und laßt die Eier über Nacht im Färbebad liegen. Dann nehmt die Eier heraus, laßt sie trocknen und poliert sie vorsichtig mit einer in Salatöl getränkten Papierserviette, wodurch die Farben noch kräftiger herauskommen.

Eier marmorieren

Es gibt zwei Methoden, Eier zu marmorieren:

Eier mit Mustern verzieren

1. Umwickelt ein Ei mit den äußeren Schalen von mehreren Zwiebeln.

2. Umhüllt die Zwiebelschalen mit einer Lage Watte oder Zellstoff, damit sie nicht verrutschen, und befestigt sie mit Gummibändern.

3. Kocht das Ei eine halbe Stunde lang hart und laßt es danach völlig erkalten, bevor ihr es auswickelt.

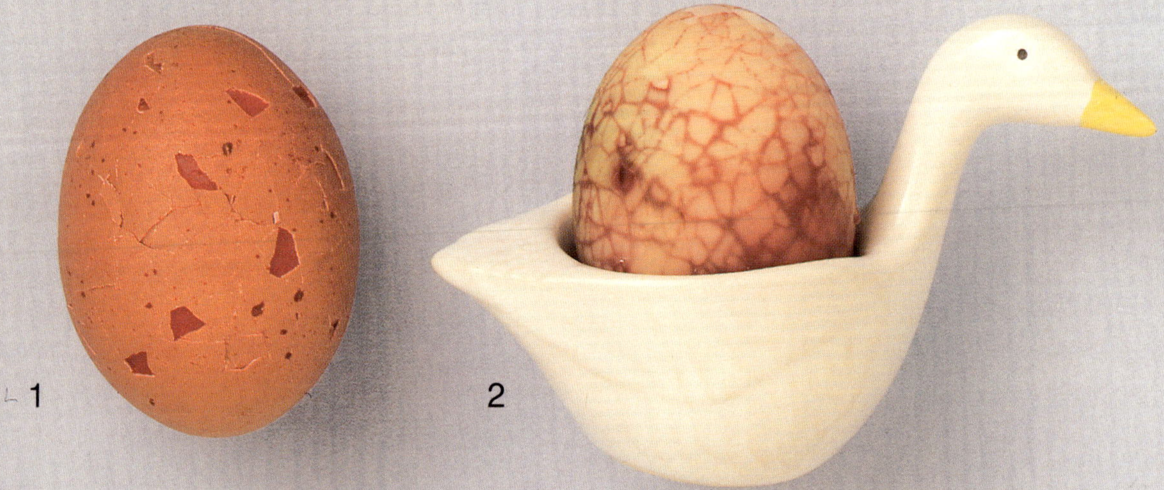

1. Beklopft bei einem hartgekochten Ei die Schale ringsum mit einer Messerklinge und brecht anschließend hier und da mit einer Messerspitze kleine Stücke aus der Schale heraus.

2. Gebt das Ei in einen Topf mit Lebensmittelfarbe und laßt es etwa zehn Minuten lang darin kochen. Laßt das Ei erkalten. Wenn ihr dann die Schale entfernt, ist euer Ei marmoriert.

Mit Hilfe von Farben könnt ihr
eure Eier auch
mit dekorativen Mustern
verzieren.

▲
Sammelt ein paar hübsche Blätter, taucht eines davon in Salatöl und legt es auf die Schale eines gekochten Eies. Wickelt das Ei straff in ein Stück von einem alten Nylonstrumpf, damit die Farbe nicht unter das Blatt gelangen kann. Gebt das Ei ins Färbebad und laßt die Farbe einwirken. Nehmt die Nylonumhüllung erst ab, wenn die Farbe getrocknet ist.

▲
Zeichnet auf der Schale eines hartgekochten Eies mit Wachsstiften ein Muster. Dicke Striche kommen am besten zur Geltung. Dann legt das Ei ins Färbebad und laßt es auf einem Stück zerknitterter Aluminiumfolie trocknen. Die mit Wachsstift beschichteten Stellen haben keine Farbe angenommen.

▲
Färbt ein hartgekochtes Ei mit einer dunklen Farbe und laßt es trocknen. Dann könnt ihr mit einer Messerspitze vorsichtig ein Muster in die Farbe kratzen.

Eier dekorieren

Hier seht ihr einige Möglichkeiten, Eier zu dekorieren. Wenn ihr das Ei mit einem symmetrischen Muster verzieren wollt, ist es zweckmäßig, vorher mit einem Bleistift Hilfslinien um das Ei zu ziehen.

Die Eier sind jeweils verziert worden mit:

Filzstiften

Zierknöpfen

Bändern

Beklebt das Ei mit allem möglichen Krimskrams.

Seidenpapier und getrockneten Blumen

Ornamenten aus Buntpapier

Zum Dekorieren von Eiern könnt ihr so gut wie jede Farbe verwenden:

Glasfarben

Um ein ausgeblasenes Ei aufzuhängen, schiebt ein Streichholz mit einem Faden in das größere Loch.

Schreibt mit selbstklebenden Buchstaben eine Botschaft.

Textil- und Acrylfarben

Wasserfarben

fertiggemischten Plakat- und Lackfarben

Wasserdeckfarben

Batikmuster und selbstklebende Ornamente

Batik

Wachsmuster

Gebatikte Eier werden gewachst und gefärbt. Laßt Kerzenwachs in einem Muster auf das Ei tropfen, und taucht das Ei in ein Färbebad mit heller Farbe. Laßt es trocknen und wiederholt es mit einer dunkleren Farbe.

Nester und Körbchen

Für die von euch gefärbten Eier könnt ihr auch Nester oder Körbchen anfertigen, in denen Eier noch besser zur Geltung kommen.

Ein Nest aus Gräsern

Flechtet lange Grashalme und windet die Grasgeflechte in mehreren Lagen übereinander zu einem kranzförmigen Nest. Umwickelt das Gebinde mit langen Grashalmen, um es zu befestigen. Innen wird dann das Nest mit Moos ausgefüttert.

Ein Nest aus Bast

Um den Kern für ein Nest herzustellen, wird Bast in lockeren Windungen um den Rand einer umgedrehten Schüssel gewickelt. Beim weiteren Umwickeln der Schüssel solltet ihr den Bast kreuz und quer einflechten, um den Windungen Halt zu geben. Zum Schluß muß noch über den Boden der Schüssel der Nestboden eingeflochten werden.

Dekorieren eines Körbchens

Kleidet ein Körbchen mit Seidenpapier, Filz oder Watte aus und legt eine Schicht aus Blättern, Gräsern, Bast oder Moos darauf. Windet bunte Bänder um den Henkel und steckt Blumen oder Blätter hinein. Ihr könnt auch einen Geschenk-Anhänger daran befestigen.

Dekorieren eines Kästchens

Einen Obstbehälter aus Plastik könnt ihr zu einem hübschen Kästchen umgestalten, wenn ihr ihn mit farbigem Papier beklebt und mit bunten Ornamenten dekoriert. Innen sollte das Kästchen mit Seidenpapierschnitzeln oder Bast ausgekleidet sein.

Diese Kinder bauen sich ein Riesennest, indem sie biegsame Weidenzweige in einen großen Weidenkorb einflechten. Ihr Nest dekorieren sie mit Frühlingsblumen und füttern es mit Federn aus alten Kissen aus.

Papier-blumen

Statt die Frühlingsblumen in Wäldern und Gärten zu pflücken, könnt ihr auch eure eigenen Blumen aus Papier basteln.

Dazu braucht ihr:

Krepp- und Seidenpapier,
Pfeifenreiniger,
Schere, Lineal, Bleistift,
Leim und Faden.

Osterglocken aus Kreppapier

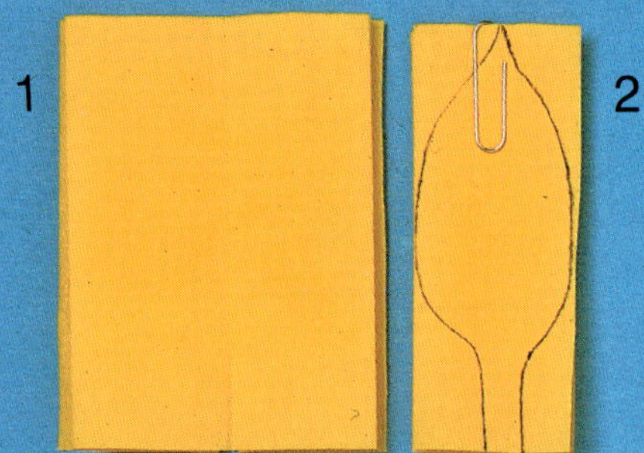

1. Schneidet aus gelbem Papier zwei Rechtecke von 24x10 cm mit der Kräuselung parellel zur kurzen Seite. Faltet eines davon sechsfach.

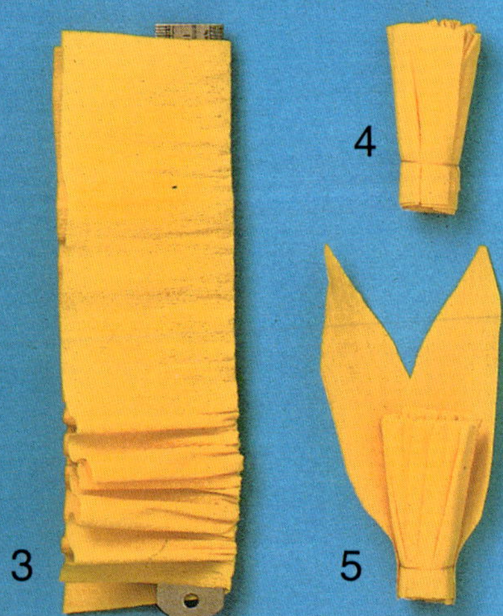

2. Zeichnet auf der oberen Lage ein Blumenblatt und schneidet es durch alle sechs Lagen aus.
3. Faltet das andere Rechteck der Länge nach einmal zusammen. Legt das Lineal in den Falz und kräuselt darauf das Papier.

4. Wickelt das gekräuselte Papier zu einer Rolle. Haltet die Rolle auf der einen Seite fest, während ihr das andere Ende mit Faden umwickelt.
5. Klebt drei Blumenblätter am unteren Ende der Rolle fest und klebt die drei anderen darüber.

6. Umklebt einen Pfeifenreiniger mit einem länglichen Stück grünen Papiers als Stengel.
7. Schiebt ein Ende des Pfeifenreinigers in die Mitte der Blume. Umklebt die Verbindungsstelle zwischen Blume und Stengel mit einem Streifen grünen Papiers.
8. Wenn der Leim getrocknet ist, biegt die Blumenblätter nach außen.

Osterglocken

Himmelsschlüssel

Himmelsschlüssel aus Seidenpapier

1. Schneidet aus Seidenpapier ein Quadrat von 10 cm. Faltet es über Eck zu einem Dreieck. Knifft es und faltet es um den Mittelpunkt wieder auseinander.

2. Faltet das Dreieck von beiden unteren Enden um die Mitte nach schräg oben zu dieser Form.

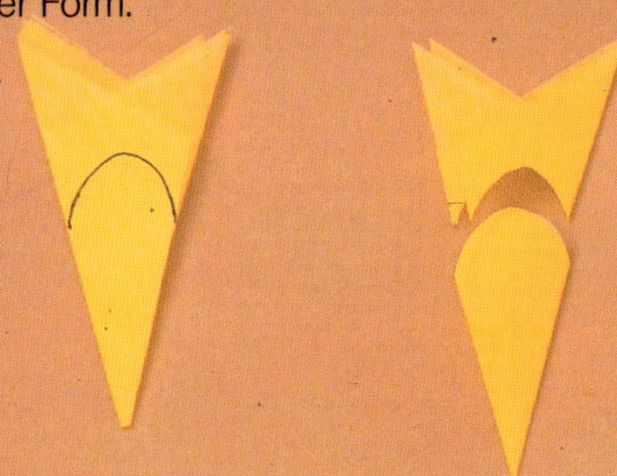

3. Zeichnet auf der obersten Lage von einer Seite zur anderen einen Bogen.
4. Schneidet den Bogen durch alle Lagen hindurch aus.

5. Faltet die Blume auseinander. Schiebt ein Ende eines halben Pfeifenreinigers durch die Mitte der Blume. Umklebt den Stengel mit Kreppapier, das ihr oben auseinanderbreitet und als Blätter oben festklebt.

Schafe aus Wolle

Wenn im Frühling die Lämmer geboren sind, wird den Schafen das Winterfell geschoren. Sammelt etwas Schafwolle, die an Büschen oder Zäunen hängengeblieben ist, und macht euch daraus eure eigenen Schafe.

Am besten wascht ihr die Wolle vorher in warmen Seifenwasser und entfernt dabei alle Verunreinigungen. Wenn die Wolle trocken ist, kämmt die Fasern auseinander.

Glückwunschkarten

Faltet ein Stück festes Papier oder Karton in der Mitte zusammen und klebt auf der einen Seite in die Mitte etwas Wolle. Dann zeichnet ihr Kopf und Beine eines Schafes und dazu noch ein paar Grashalme. Natürlich könnt ihr auch andere Tiere aus Wolle darstellen, beispielsweise ein Kaninchen mit buschigem Schwanz oder eine Katze mit dickem Pelz.

Ein Schaf als Brosche

Dazu braucht ihr:
Wolle,
drei Pfeifenreiniger,
eine Sicherheitsnadel

1. Biegt einen der Pfeifenreiniger zum Kopf eines Schafes zusammen. Formt aus den beiden anderen zwei Paar Beine, doch paßt auf, daß an einem Ende noch ein Teil des Pfeifenreinigers übrigbleibt.
2. Dreht die drei übriggebliebenen Teile der Pfeifenreiniger zusammen, so daß das Knochengerüst eines Schafes entsteht.
3. Rollt etwas Wolle zwischen den Handflächen zu einem langen Strang zusammen. Damit umwickelt ihr das Gerüst und steckt das Ende des Strangs darin fest.
4. Befestigt auf einer Seite eine Sicherheitsnadel, so daß ihr euer Schaf als Brosche verwenden könnt.

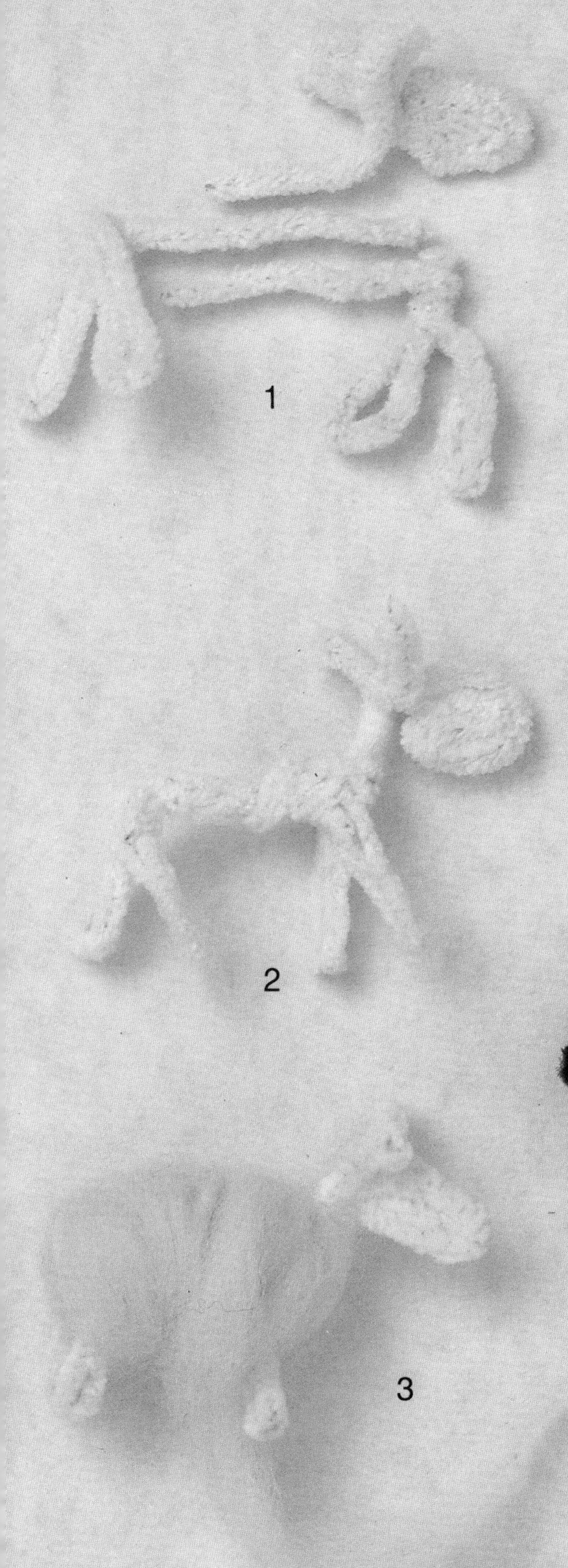

1

2

3

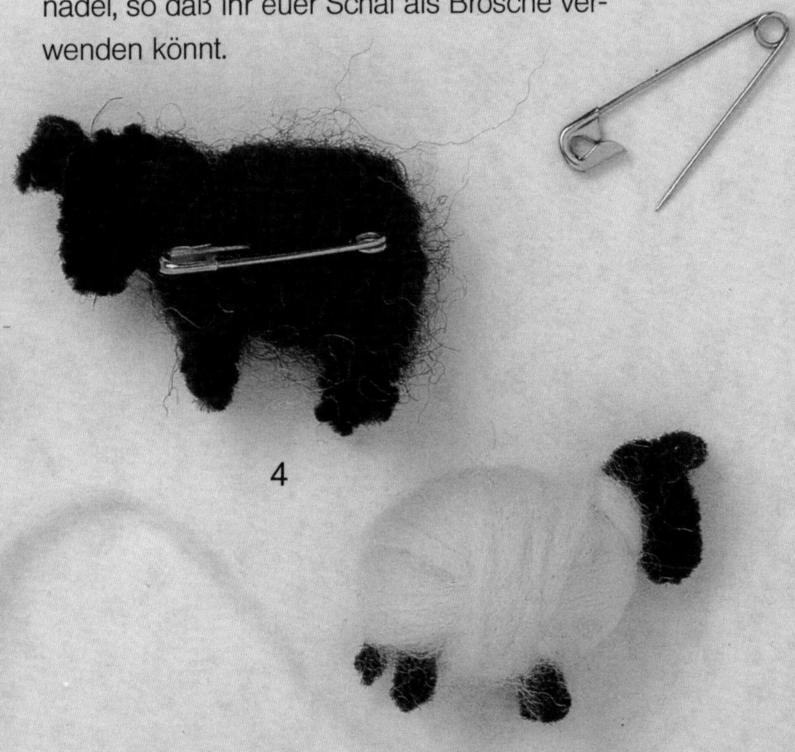

4

Scheren-schnitte

Wie wäre es, wenn ihr das, was ihr im Frühling zu sehen bekommt, auf Papier in leuchtenden Farben aufzeichnet und ausschneidet?

Dazu braucht ihr:

Papier in mehreren leuchtenden Farben,
Bleistift, spitze Schere,
Kreppband und Klebstoff

Faltet einen Bogen Papier zur Hälfte und preßt den Falz mit dem Daumen glatt. Befestigt die offenen Seiten auf der Unterlage mit Kreppband. Zeichnet eine Hälfte eures Entwurfs auf das Papier, wobei der Falz die Mittellinie bildet. Es genügt, wenn ihr eure Zeichnung nur in groben Umrissen anlegt.

Schneidet die Figur aus. Jetzt könnt ihr, falls ihr sie noch genauer haben wollt, an den Kanten zusätzliche Einschnitte anbringen oder sie mit aufgeklebten Ausschnitten aus andersfarbigem Papier vervollständigen.

Mit euren Scherenschnitten aus buntem Papier könnt ihr auch Glückwunschkarten und Geschenkanhänger dekorieren. Versucht doch einmal, Collagen in mehreren Farben auf einen Karton zu kleben, wie sie hier gezeigt werden.

Ratschläge und Fingerzeige

* Beginnt beim Ausschneiden der Scherenschnitte stets vom Falz her.
* Müßt ihr Schnitte mittem im Papier machen, bohrt erst mit einer spitzen Schere ein Loch, legt sicherheitshalber einen Radiergummi unter die betreffende Stelle.
* Denkt daran, daß ihr nicht den ganzen Falz wegschneidet, sondern überbrückende Stellen übriglaßt, damit eure symmetrische Figur den nötigen Halt hat.

Frösche und Kröten

Im Frühling erwachen Frösche und Kröten aus dem Winterschlaf und versammeln sich in Teichen und Gräben, um sich fortzupflanzen. Dann könnt ihr die Männchen quaken hören.

Frosch

Kröte

Frösche und Kröten auseinanderzuhalten ist nicht schwer. Frösche haben eine glatte feuchte Haut und hüpfen oder springen auf den langen Hinterbeinen umher. Kröten dagegen haben eine trockene, warzige Haut und bewegen sich auf den kurzen Beinen nur kriechend.

Frösche, die sich im Wasser paaren

Froschlaich

Beim Laich, das sind die Eier, gibt es auch Unterschiede. Frösche legen bis zu 3.000 Eier in einem Klumpen. Sie sind zum Schutz gegen Wasser in Gallertkugeln eingebettet. Auf diese Weise kann der Laich bei warmen Wetter an der Oberfläche des Wassers treiben.

Krötenlaich

Kröten laichen in bis zu drei Meter langen Gallert-Schnüren, die über 2.000 Eier enthalten. Diese Schnüre verflechten sich mit Wasserpflanzen unterhalb der Wasseroberfläche.

Nach etwa zwei Wochen schlüpfen kleine Kaulquappen aus den Gallertkugeln und schwimmen zur Oberfläche. In der ersten Zeit atmen sie durch federartige äußere Kiemen, die sich nach etwa vier Wochen zurückbilden.

Dann ernähren sich die Kaulquappen von Algen und suchen Schutz zwischen Wasserpflanzen. Dennoch werden sie zu Hunderten von Fischen, Insekten und Teichmolchen gefressen. Im Alter von etwa sieben Wochen bilden sich die Hinterbeine.

Wenig später ernähren sich die Kaulquappen von dem im Teich lebenden Kleingetier. Im Alter von zwölf Wochen entwickeln sich die Vorderbeine, und der Schwanz beginnt zu schrumpfen. Kurze Zeit später haben sich die Kaulquappen in einen Frosch verwandelt.

Im Juni oder Juli verlassen die Jungfrösche den Teich und verbringen den Sommer in hohem, feuchtem Gras. Sie ernähren sich von Insekten, die sie mit ihren langen, klebrigen Zungen fangen.

Beobachter am Teich

Wenn es wärmer wird, beginnt es im Teich zu wimmeln.

Unterwasser-Lupe

Entfernt von einer großen Konservendose beide Deckel und sichert die Schnittkanten mit Klebeband. Spannt ein Stück Folie über eine der Öffnungen und befestigt sie mit einem Gummiband. Taucht eure Lupe ins Wasser. Der Wasserdruck wölbt die Folie nach oben, wodurch sie zum Vergrößerungsglas wird.

▲

Wasserläufer gleiten auf dem Wasser und ernähren sich von toten Insekten, die sie mit ihren kurzen Vorderbeinen ergreifen.

▲

Teichmolche sind eigentlich Landtiere, doch im Frühling begeben sie sich ins Wasser, um sich fortzupflanzen. Das Männchen ist normalerweise braun, doch in der Fortpflanzungsperiode bildet es einen hohen Rückenkamm und ist am ganzen Körper gefleckt.

◀

Der Rückenschwimmer bewegt sich mit Hilfe seiner kräftigen Hinterbeine in Rückenlage unter der Oberfläche des Wassers. Er ernährt sich von winzigen Fischen, Kaulquappen und Insekten.

Was könnt ihr noch tun?

Wenn die Sonne den Boden erwärmt hat, dann ist es Zeit, Samen auszusäen. Ihr könnt beobachten, wie der Samen zu wachsen beginnt. Legt eine größere Zahl von Erbsen und Bohnen über Nacht ins Wasser und pflanzt sie am folgenden Tag in Blumentöpfe

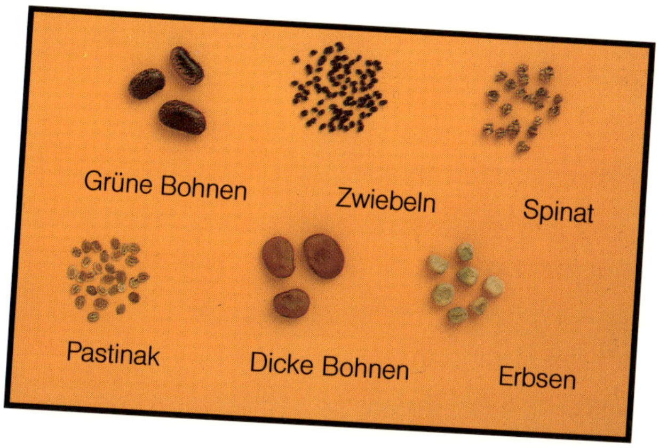

mit Komposterde ein. Verseht die Töpfe mit Etiketten, auf denen ihr die Samenart und das Datum der Aussaat angebt. Haltet die Erde gut feucht.

Grabt nach drei Tagen einen der Samen aus und schaut euch an, wie weit sich ein Keim und die Wurzeln gebildet haben. Grabt Tag für Tag weitere Samen aus, bis der Sproß aus der Erde herauswächst. Führt einen Nachweis darüber, in dem ihr die verschiedenen Stadien skizziert und schreibt auf, wann und wie viele Blätter sich bilden.

Die Dicke Bohne, die grüne Bohne und die Erbse wurden zur gleichen Zeit gesät, Vergleicht einmal, wie sie in einer Woche gewachsen sind.

Vogelreviere

Zur Brutzeit verteidigen einige Vögel wie Rotkehlchen, Drosseln und Amseln ihr Revier, indem sie täglich an denselben Plätzen singen, um ihren Anspruch geltend zu machen. Diese Plätze markieren die Grenzen ihres Reviers.

Versucht einmal, auf einem Plan eines Gartens oder Parks die Größe solcher Reviere festzulegen. Macht euch auf Millimeterpapier einen möglichst genauen Plan und zeichnet charakteristische Bäume, Gebüsche und alle anderen Plätze ein, wo ihr Vögel feststellen könnt. Beobachtet die Vögel täglich zur gleichen Zeit (am besten frühmorgens) und markiert die Sing-Positionen auf eurem Plan.

Bäume beobachten

Die Zeitpunkte, zu denen die verschiedenen Baumarten Blätter und Blüten bekommen, variieren erheblich. Einigen Bäumen wachsen erst die Blätter und dann die Blüten, bei anderen ist es umgekehrt. Es gibt auch Bäume, die Blätter und Blüten gleichzeitig hervorbringen.

Legt euch über alle Baumarten in eurem Garten oder eurer Umgebung eine Tabelle an, wie sie unten abgebildet ist. Erfaßt außerdem, wie sich die Bäume, deren Blüten vom Wind bestäubt werden, von denen unterscheiden, deren Blüten von Insekten bestäubt werden.

Baum-art	erst Blätter	erst Blüten	Blätter & Blüten gleichzeitig	wind-bestäubt	insekten-bestäubt
Ahorn					
Birke					
Buche					
Eber-esche					
Esche					
Hasel-nuß					
Kirsche					
Roß-kastanie					
Schlehe					
Weide					
Weiß-dorn					

Nistmaterial

Befestigt Raffiabast, Seidenpapierfetzen, Federn und Wolle an einem Zweig. Dann paßt auf, welche Vögel sich welches Material zum Bau ihres Nestes holen.

Kaulquappen beobachten

Wenn ihr Lust habt, die Entwicklung von Kaulquappen zu verfolgen, füllt etwas Froschlaich (keinen großen Klumpen) mitsamt dem Wasser aus einem Teich in ein großes Einmachglas. Fischt auch ein paar Algen heraus, damit die Kaulquappen Nahrung finden.

Bedeckt den Boden eines großen Aquariums mit einer Schicht Kies und schüttet darauf etwas sauber gewaschenen Sand. Verankert die Algen aus dem Teich unter großen Kieseln.

Füllt das Aquarium mit Leitungswasser auf und laßt es eine Nacht lang stehen, ehe ihr den Froschlaich hineingebt. Füllt nach Möglichkeit auch Wasser aus dem Teich dazu. Frischgeschlüpfte Kaulquappen suchen Schutz bei den Algen und ernähren sich davon. Nach ein paar Tagen könnt ihr ihnen etwas kleingehackten Salat geben. Nach etwa einer Woche dürft ihr auch von Zeit zu Zeit Trockenfutter für Fische einstreuen.

Laßt die Kaulquappen am Teichrand frei, sobald sich bei ihnen die Hinterbeine voll ausgebildet haben.

Ein Frühlings-Quiz

Falls ihr euch bei den Lösungen nicht sicher seid, blättert noch einmal die Seiten dieses Buches nach Hinweisen durch. Die Antworten findet ihr auf Seite 32.

1. Welche der folgend genannten Vögel bauen sich kein eigenes Nest?
a) Sperling b) Drossel c) Rotkehlchen
d) Kuckuck e) Amsel f) Saatkrähe

2. Welches der folgend genannten Insekten paßt nicht in diese Aufzählung?
a) Libelle b) Moskito c) Eintagsfliege
d) Marienkäfer e) Stechmücke

3. Wieviele Eier legt ein Frosch beim einmaligen Laichen?
a) etwa 30 b) etwa 300 c) etwa 3.000
d) etwa 30.000

4. Welche von diesen Frühlingsblumen entstehen aus einer Zwiebel?
a) Glockenblume b) Buschwindröschen
c) Tulpe d) Osterglocke e) Himmelsschlüssel

5. Welche von diesen Blüten werden vom Wind bestäubt?
a) Kirsche b) Haselnuß c) Birke d) Erle
e) Roßkastanie

6. Welcher Teil der Pflanze entwickelt sich aus dem Samen zuerst?
a) die Wurzeln b) die Blätter c) der Sproß

7. Richtig oder falsch?
a) Frösche atmen durch die Haut.
b) Kröten springen nicht, sondern kriechen.
c) Frösche leben das ganze Jahr über im Wasser.
d) Frösche können ihre Farbe wechseln, um sich ihrer Umgebung anzupassen.
e) Kröten legen ihre Eier in langen Gallert-Schnüren.
f) Frösche haben Schwimmfüße.

Wortschatz zum Frühling

Wie würdet ihr den Frühling beschreiben? Denkt an die Farben, die Stimmung, die Natur, das Wetter und eure Gefühle. Hier ist eine Liste von Wörtern, die euch das Nachdenken erleichtert:

Wetter:

windig
stürmisch
donnernd
regnerisch
böig
feucht
strahlend
veränderlich
Regenbogen
dunstig

Tiere, Vögel und Insekten

hervorkommen
lebhaft
herumhüpfen
flaumig
zwitschern
piepsen
nisten
Laich
flattern
schwärmen
huschen
wimmeln
ausschlüpfen
plätschern
versammeln
Ei

Pflanzen

Samen
aufbrechen
Knospe
keimen
säen
blühen
Blüte
Kätzchen
frisch
Pflanzensaft
wuchern
Sproß
Blütenstaub
anschwellen
duftend
Blumenstrauß

Stichwortverzeichnis

Antworten zum Frühlings-Quiz

1d: Der Kuckuck baut sich kein eigenes Nest.
2e: Der Marienkäfer scheidet aus, denn im Gegensatz zu allen anderen Insekten schlüpfen und leben seine Larven nicht im Wasser.
3c: Ein Frosch legt beim einmaligen Laichen etwa 3.000 Eier.
4c, d: Tulpen und Osterglocken sind Zwiebelgewächse.
5b, c, d: Die Blüten von Haselnuß, Birke und Erle werden vom Wind bestäubt.
6a: Die Wurzeln einer Pflanze entwickeln sich zuerst.
7a, b, d, e, f,: sind richtig, 7c ist falsch.